L'ÉDUCATION FÉMINISTE

La Protection de l'Enfance

PAR

Odette LAGUERRE

ET

Ida R. SÉE

Prix : **20** centimes

SOCIÉTÉ D'ÉDUCATION & D'ACTION FÉMINISTES
7, rue de la Tunisie, LYON

1906

L'Education Féministe

série de brochures de propagande, à **20 centimes**, publiées par la Société d'Education et d'Action féministes,
Sous la direction de sa Secrétaire Générale,

Mme Odette LAGUERRE

présentera, dans son ensemble, une étude précise et complète de la question féministe, envisagée sous ses multiples aspects.

EN VENTE

au Siège de la Société, 7, rue de la Tunisie, LYON

Qu'est-ce que le Féminisme? par ODETTE LAGUERRE.
La Recherche de la Paternité, par CH. GIDE.
Mariage, Divorce, Union Libre, par P. et V. MARGUERITTE.
La Protection de l'Enfance, par O. LAGUERRE et IDA R. SÉE.

En Préparation

L'Institutrice, par Mme EIDENSCHENK.
L'Ouvrière, par ODETTE LAGUERRE.
La Femme dans le Passé, par Mme SOULEY-DARQUÉ.
L'Enseignement ménager, par JUSTIN GODART.
Comment élever nos filles, par Mme ROY.
La Jeune Fille, par FRANÇOISE BENASSIS.
La Femme citoyenne, par BRADAMANTE, etc.

Un exemplaire,	0 fr. **20**. —	Par poste,	0 fr. **25**
10 —	1 fr. **50**	—	2 fr. »
50 —	6 fr. »	—	7 fr. »
100 —	10 fr. »	—	11 fr. »

L'abonnement à la série complète (25 brochures)........................ 5 fr. »

La Protection de l'Enfance

I. — Autrefois et Aujourd'hui

A notre époque, chez tous les peuples civilisés, le souci de protéger l'enfance passe au premier rang des préoccupations sociales. Il n'y a pas là seulement l'indice d'une sensibilité plus affinée, plus pitoyable aux faibles, plus attendrie par le charme ingénu de l'enfant ; il y a aussi compréhension plus haute du devoir social, de l'intérêt collectif, qui veulent qu'à tout prix soit assuré l'avenir de la race.

L'enfant, c'est l'humanité future qu'il s'agit de préserver, c'est l'humanité meilleure dont nous voulons préparer la venue. En lui, nous incarnons tous nos espoirs et nous cultivons tous nos rêves. Nous avons compris que le problème social n'est, en définitive, qu'un problème d'éducation.

Et, dans l'éducation, nous ne séparons plus l'âme du corps ; nous avons cessé de dédaigner celui-ci, depuis que la science nous a montré les rapports étroits, inéluctables, de la vie physiologique avec la vie psychique ; l'hygiène de l'enfant nous préoccupe au moins autant que sa culture morale et son développement intellectuel, parce que nous voyons dans l'épanouissement normal de l'être physique la première condition de son équilibre mental. Aux errements d'une pédagogie dogmatique et routinière commence à succéder une puériculture rationnelle, basée sur l'étude toute nouvelle des besoins de l'enfant et des lois de son évolution.

La diminution de la natalité stimule, il faut bien le reconnaître, cette sollicitude envers l'enfance. Fatalement, à mesure que les naissances deviennent plus rares, on sent mieux le prix de la vie, la valeur de l'être humain, et la nécessité d'entourer sa croissance de soins plus éclairés et plus vigilants.

L'antiquité ne connut point ce souci.

Plus on remonte le cours des âges, plus les coutumes et les législations apparaissent dures pour l'enfant, indifférentes à son sort.

Dans la Grèce ancienne, on sait que les Spartiates sacrifiaient sans scrupule les enfants débiles ou mal conformés. Platon et Aristote préconisaient l'avortement pour limiter la natalité.

Les primitives lois romaines autorisaient l'infanticide et donnaient au père de famille un droit illimité sur ses enfants. Il n'était même pas obligé de les élever ; il pouvait les donner, les louer ou les vendre. Les enfants trouvés étaient esclaves.

Au Moyen-Age, quelques-uns de ces pauvres petits abandonnés étaient recueillis dans les hospices, mais la plupart, exposés dans les rues, mouraient de froid ou de faim, ou devenaient la proie de mendiants qui leur brisaient les membres et les couvraient de plaies pour exciter la pitié publique, de bateleurs qui les dressaient et les disloquaient pour les faire servir aux plaisirs de la foule.

Il y eut même, au XVIIe siècle, un commerce en règle de cette petite humanité martyre, qu'on vendait une livre par tête non seulement aux bateleurs et mendiants, mais aux femmes syphilitiques en quête d'un nourrisson auquel elles cherchaient à passer leur mal pour s'en guérir elles-mêmes, suivant un préjugé courant, et encore aux vieillards qui espéraient se rajeunir dans le sang des petits enfants...

Vincent de Paul, le premier, devant ces tortures et ces hécatombes effroyables, s'émut, sut émouvoir l'opinion, et parvint à organiser pour les enfants trouvés une œuvre efficace d'assistance.

La Révolution française proclama le droit de l'enfant abandonné à la protection de l'Etat. Elle se contenta, d'ailleurs, de poser le principe. Au XIXe siècle était réservé l'honneur d'en commencer l'application pratique.

II. — La protection du premier âge

La Mortalité infantile. — C'est surtout dans les premiers mois de sa vie que le nouveau-né a besoin de surveillance et de soins minutieux.

Sans doute, ces soins ne lui manqueront pas s'il a la chance de naître dans un milieu aisé. Là, il est attendu avec amour et joie. Tout est prêt pour le recevoir : le berceau douillet, les couches de toile fine, les langes de chaud molleton, les petits bonnets ruchés, les petites chemises de batiste, les brassières et les bavettes brodées, et les bas mignons de laine douce, et les chaussons bleus et roses, enrubannés et coquets. Nourri de bon lait, baigné chaque jour, promené dans les bras de sa nourrice ou dans une voiture bien suspendue, l'heureux bébé va s'épanouir en force et en santé, — belle petite fleur de chair blanche et rose ..

Mais que l'on songe à toutes ces mères miséreuses qui, dans des taudis mal aérés, sur des grabats infects, sans linge, sans antisepsie, sans assistance éclairée autour d'elles, donnent le jour à de pauvres êtres débiles, marqués en naissant du sceau de la souffrance, guettés par le rachitisme et la tuberculose.

A ces enfants chétifs, il faudrait une sollicitude maternelle de tous les instants, et, la plupart du temps, la mère, ouvrière ou servante, est obligée de sevrer le bébé de son lait et de le mettre en nourrice, pour reprendre immédiatement son travail.

Ce sont ces innocentes victimes des inégalités sociales qu'il est nécessaire de protéger, si l'on veut abaisser le taux effrayant de la mortalité infantile qui, bien plus que l'insuffisance de la natalité, est une cause de dépopulation.

Rien ne vaut ici la lugubre éloquence des statistiques. Laissons-les parler.

Malgré les progrès déjà réalisés, il meurt encore chaque année, en France, 150,000 ENFANTS de un jour à un an, ce qui représente une moyenne de 167 pour mille sur le chiffre total des décès de tout âge.

La proportion atteint 274 pour mille à Lille, 342 à Dunkerque, 414 à Nancy. Dans les cimetières de certaines villes industrielles, comme Roubaix et Tourcoing, sur trois tombes, il y a une tombe de nouveau-né !

La plupart de ces enfants meurent de gastro-entérite ou de diarrhée, c'est-à-dire qu'ils sont victimes de leur mauvaise alimentation et surtout de la privation du sein maternel.

Beaucoup aussi meurent de débilité congénitale causée par le surmenage des mères et les privations qu'elles ont subies.

Combien de femmes ne voit-on pas, dans la classe ouvrière, accomplir jusqu'au terme de leur grossesse les travaux les plus pénibles, porter de lourds fardeaux, laver, repasser, rester de longues heures debout à l'usine, respirant parfois un air chargé de poussières ou d'émanations dangereuses, mal soutenues par une nourriture médiocre et insuffisante.

Les enfants qu'elles mettent au monde se ressentent de ces mauvaises conditions d'hygiène. Très souvent ce sont des « prématurés », dont les maternités les mieux organisées ne peuvent sauver, à grands frais, qu'une faible partie, malgré l'invention des *Couveuses d'enfants*, qui permettent d'élever sous cloche, et, pour ainsi dire, en serre chaude, les nouveaux-nés venus au monde avant terme.

La protection de l'enfant doit donc commencer à s'exercer avant sa naissance. C'est la mère qu'il faut secourir et protéger dans les derniers mois de la gestation pour sauvegarder l'enfant : et c'est elle encore qu'il faut secourir après l'accouchement pour qu'elle puisse allaiter son nouveau-né dans de bonnes conditions.

Nous laisserons de côté les œuvres d'assistance et les lois de protection qui s'adressent à la femme enceinte ou nourrice (1), pour ne nous occuper que de celles qui concernent directement les enfants du premier âge.

La loi Roussel. — Parmi ceux-ci, ce sont les enfants placés en nourrice qui sollicitèrent d'abord l'attention du législateur. Diverses enquêtes avaient révélé leur effroyable mortalité. Elle emportait, en certaines régions comme le Morvan, où se pratique spécialement l'industrie nourricière, jusqu'à 70 ou 80 pour cent des nourrissons !

De ces terribles constatations est née, en 1874, la loi Roussel, qui soumet à l'inspection médicale tous les bébés de moins de deux ans placés chez des nourrices salariées. Cette loi prévoyante a sauvé beaucoup d'enfants. Elle en sauverait plus encore, si elle était mieux appliquée, et si l'on y introduisait les améliorations proposées par M. Paul Strauss au Sénat : visites plus régulières et plus fréquentes des médecins-inspecteurs, surtout pendant les premiers mois. Pesée mensuelle des bébés. Interdiction du biberon à tube. Emploi du lait stérilisé à défaut de l'allaitement au sein. Obligation pour la nourrice de faire vacciner l'enfant dans les trois premiers mois, et de prévenir immédiatement le maire de la commune en cas de maladie du nourrisson.

(1) On les trouvera indiquées dans notre brochure sur *La Mère*, n° 15 de la collection *Education féministe*.

Il existe, pour surveiller l'application de la loi Roussel, des commissions locales qui n'exercent pas toujours consciencieusement leurs fonctions de contrôle. Sans doute, ces commissions joueraient un rôle plus actif si l'on y faisait entrer des femmes, des mères éclairées, dont le cœur, bien vite, s'intéresserait aux enfants confiés à leur surveillance, et, d'un rouage administratif trop souvent inerte, ferait une institution sociale vraiment utile et agissante.

Les Gouttes de lait. — C'est encore pour le sauvetage des nourrissons que s'organisent peu à peu dans les villes les *Gouttes de lait*, fournissant du lait stérilisé d'excellente qualité gratuitement ou presque pour les mères indigentes, à prix réduit pour les petites bourses et à prix normal pour les bébés des classes aisées.

Créée d'abord en Normandie, à Fécamp, puis à Rouen, où sévissait la mortalité infantile résultant du développement de l'alcoolisme, l'œuvre de la Goutte de Lait a donné de si beaux résultats qu'elle n'a pas tardé à être introduite en d'autres centres, tantôt par les soins de la municipalité, comme à Brest, tantôt, comme à Lyon, par les efforts de l'initiative privée.

Partout se joignent aux Gouttes de Lait, comme leur complément logique et nécessaire, des *Consultations de nourrissons* où des médecins font périodiquement la pesée des bébés, se rendent compte de leur état de santé et donnent aux mères d'utiles conseils. L'œuvre de secours et de solidarité se trouve ainsi complétée par une œuvre d'éducation non moins indispensable, car il ne sert à rien de fournir du bon lait si la mère ignorante ne sait pas en faire un judicieux emploi, bien régler les tétées, et entretenir la propreté rigoureuse du biberon.

Les Crèches. — Pour les mères obligées de travailler hors de leur domicile et qui ne peuvent garder leurs enfants dans la journée, les *crèches* sont là qui recueillent les tout petits, ceux de 15 jours à 3 ans, les surveillent, les soignent, les amusent.

Les crèches sont une institution essentiellement française La première, modèle de toutes celles qui se sont fondées depuis, a été créée à Paris, en 1844, par M. Firmin Marbeau.

Bien qu'elles se soient multipliées, qu'il s'en ouvre tous les jours de nouvelles, leur nombre est encore insuffisant pour les besoins de la classe ouvrière.

La section française de l'Association internationale pour la protection des Travailleurs a émis le vœu qu'à tout établissement occupant au moins 50 femmes, soit adjointe une crèche installée dans des conditions hygiéniques et soumise à une surveillance médicale continue.

Cette surveillance serait à souhaiter, en effet, dans ces agglomérations d'enfants parmi lesquels beaucoup apportent d'inquiétants stigmates et des bobos suspects. Tout ce petit monde, souvent, boit au même gobelet, suce le même biberon, est essuyé par le même linge. Les forts résistent à la contamination, mais les autres succombent, et l'insatiable faucheuse, là encore, fait son œuvre...

L'examen médical permettrait d'écarter les tarés, pauvres petites victimes de la misère physiologique ou sociale, pour qui devraient s'ouvrir largement des refuges où ils seraient entourés de soins spéciaux.

Il serait nécessaire aussi de ne confier la direction des crèches qu'à des femmes eclairées, versées dans la connaissance de l'hygiène infantile et possédant leur diplôme d'infirmière.

Il faudrait enfin, comme le demande Mme Gevin-Cassal (1), joindre au personnel attitré des crèches le plus grand nombre possible de dames patronnesses effectives, venant, à tour de rôle, surveiller les soins donnés aux enfants et surtout parler aux mères, faire pénétrer dans le cerveau des femmes du peuple, par de familières explications, des conseils présentés à propos, des exemples pris sur le vif, les essentielles notions de puériculture qu'elles ignorent ou méconnaissent par routine.

Trop souvent cette ignorance des mères contrarie, annihile tous les bienfaits de la crèche. A la crèche, en effet, l'enfant n'est que gardé et non hospitalisé. La mère le reprend le soir, sa journée finie, et, dans sa joie de le ravoir, le gave de soupe, lui donne à sucer des gâteaux, lui fait boire de la bière ou du vin, le garde dans ses bras au lieu de le coucher dans son berceau et, plus souvent encore, le fait dormir près d'elle dans son lit, au risque de l'étouffer la nuit par mégarde, accident trop fréquent, hélas!...

La protection du premier âge restera œuvre vaine ou incomplète tant que l'instruction des mères sera aussi rudimentaire, et l'enseignement généralisé de la puériculture apparaît comme le complément de l'assistance aux enfants.

(1) Dans son beau livre : *La Fraternité en action.*

Cet enseignement peut et doit commencer dès l'école primaire, d'autant plus que la fillette de 12 ou 13 ans est déjà responsable de petits frères ou sœurs confiés à sa garde et pour qui son ignorance est un perpétuel danger.

Pour les jeunes filles de la bourgeoisie, les crèches pourraient être des écoles pratiques de puériculture, et le « service des crèches » devrait faire partie de toute éducation bien comprise.

« En Suisse, dit Mme Gevin-Cassal, il y a longtemps qu'on a introduit à la crèche, non pas comme spectatrice oisive, mais comme aide, la jeune fille de la dame patronnesse en compagnie de sa mère, aux heures de surmenage au moins. Et cette *gardeuse* occasionnelle ou régulière, ceinte du tablier de l'emploi, en même temps qu'elle se dépense pour la cause de l'enfance, *acquiert* davantage encore en s'initiant là aux détails de son futur métier de maman ».

Quand donc, en France, comprendrons-nous l'ineptie des préjugés qui éloignent encore la jeune fille de tout ce qui touche à la maternité ?

On ne s'improvise pas mère, pas plus que garde malade ou institutrice. *Il faut apprendre.* Tout l'avenir d'une France plus saine, plus vigoureuse, repose sur une meilleure éducation des mères.

La Pouponnière. — Tandis que la crèche rend, chaque soir, les enfants à leur mère, la Pouponnière les garde complètement. C'est un *internat* de puériculture qui a sur la crèche l'immense avantage de fournir au nourrisson un régime *constant*, homogène, sans changement de lait, sans alternative de soins éclairés et de soins plus ou moins ignorants.

Pour les femmes qui ne peuvent reprendre leur enfant le soir et l'allaiter la nuit, la Pouponnière, avec son personnel de choix, son installation hygiénique, est bien préférable au placement chez une nourrice inconnue.

Cependant, jusqu'à présent, la Pouponnière de Porchefontaine, fondée en 1898 par Mmes Charpentier et Manuel, est restée un établissement unique en son genre. On ne peut que s'en étonner à une époque où tant de notables personnalités gémissent sur la dépopulation.

III. — Les Enfants assistés

Les Enfants illégitimes. — Si la protection des enfants légitimes, nés de parents pauvres, s'impose en bien des cas, si leur vie fragile n'a pas toujours, au foyer ravagé par la misère, la satisfaction même rudimentaire de ses besoins, que dire des enfants illégitimes, ces malheureux êtres que notre société hypocrite, esclave de préjugés inhumains, traite encore en parias?

Les enfants illégitimes forment en France presque les deux cinquièmes des naissances totales. Et nous n'osons essayer de dénombrer ceux que les « faiseuses d'anges » précipitent dans le néant, ni ceux que font disparaître, dès les premières minutes de leur existence, des filles-mères affolées par la crainte de la misère ou la peur du scandale.

Eh bien, que deviennent ceux que le courage de leur mère parvient à mettre au monde ?

Les uns, pour une rétribution minime, sont confiés à des nourriciers plus ou moins consciencieux par la mère qui, ouvrière ou servante, reste attachée à son labeur, ou parfois glisse à la prostitution parce qu'elle ne peut pas gagner autrement sa vie et celle de son enfant.

C'est la douloureuse histoire, que la vie incessamment renouvelle, de Cosette et de Fantine, dans les *Misérables*.

Les autres, abandonnés par leurs parents, sont recueillis par l'Assistance publique.

Historique et organisation de l'Assistance publique. — C'est au décret impérial du 19 janvier 1811 que remonte l'organisation du service des enfants assistés : *enfants trouvés*, *enfants abandonnés* et *orphelins pauvres*.

Les dépenses d'entretien de ces enfants étaient réparties entre l'Etat et les hospices dépositaires. Ceux-ci, limités à un par arrondissement, devaient ouvrir des *tours* pour recevoir les nouveaux-nés dont la mère ne voulait pas se faire connaître.

Le premier résultat de cette loi fut de multiplier considérablement les abandons.

En même temps, l'on dut constater l'effroyable mortalité des enfants entassés dans les hospices. Ces constatations amenèrent la suppression graduelle des tours et déterminèrent l'Assistance publique à venir en aide par des *secours temporaires* aux mères indigentes pour les encourager à garder leurs enfants. Comme le disait, dès 1837, M. de Gasparin, « la débauche peuple sans doute les hospices d'enfants trouvés, mais la misère est aussi l'une des causes les plus fréquentes des abandons. Si la mère pouvait nourrir son enfant, si, au moment de sa naissance, elle n'était pas souvent dépourvue du plus strict nécessaire, elle se déterminerait difficilement à l'abandonner... Il s'agirait de payer à la mère les mois de nourrice qu'on paye actuellement à une nourrice étrangère ».

Certains considèrent les secours aux filles-mères comme une prime à l'inconduite. Mais quelle femme accepterait, de gaieté de cœur, les fatigues de la grossesse, les souffrances de l'enfantement, les peines et les soucis que donne un petit enfant, pour la modique somme allouée par l'Assistance publique ? Le secours temporaire ne pousse pas la jeune fille à l'inconduite, mais il la détourne de l'avortement et de l'infanticide et l'encourage à élever son enfant. Il n'est pas une prime à l'amour libre, il est une prime à la maternité consentie.

La loi du 5 mai 1869, en établissant le service des *enfants secourus*, a notablement réduit le nombre des abandons et abaissé le taux de la mortalité infantile.

Elle a fait de l'assistance infantile un service essentiellement départemental, en répartissant les charges entre le département, la commune et l'Etat.

La loi du 19 juin 1904 ou loi Strauss a encore amélioré le service des enfants assistés. Elle a étendu la tutelle de l'Assistance publique aux enfants de parents indignes, déchus de la puissance paternelle, et aux enfants de parents indigents, détenus ou hospitalisés.

Aujourd'hui les enfants assistés, sauf les infirmes ou les malades, ne sont plus internés dans les hospices, mais placés à la campagne, chez d'honnêtes familles de cultivateurs. L'Assistance les surveille par ses inspecteurs et ses médecins ; elle leur fournit le vêtement ; elle paye pour leur entretien une allocation qui varie suivant les départements, mais qui est généralement de 25 à 30 francs par mois pour les enfants au-dessous de 2 ans, et de 12 à 15 francs pour les enfants plus âgés.

A partir de 13 ans, les pupilles commencent à gagner, et leur gain est versé par le patron à l'inspecteur, qui le dépose, en leur nom, à la Caisse d'Epargne, où ils pourront le toucher à leur majorité.

Les critiques contre l'Assistance publique. — Telle qu'elle fonctionne actuellement, l'Assistance publique, supérieure sans doute à ce qu'elle fut jadis, présente encore des imperfections et a donné lieu à diverses critiques.

M. Jean Payoud, dans un roman social : *Le Petit de l'Hospice*, raconte la vie lamentable d'un enfant naturel, abandonné par sa mère, qui va de la Maternité à l'hospice, de l'hospice à la prison et de la prison à la mort. Il montre tout ce qui manque aux enfants assistés, placés sous la surveillance automatique et bureaucratique de l'Etat, sevrés de tendresse et de soins éclairés.

Le numéro qu'on leur donne, ce collier qu'ils ont porté, ces formalités auxquelles ils sont soumis et qui font éclater aux yeux des indifférents leur infériorité, sèment dans leur cœur des idées de désespoir et de haine. Les bienfaits mêmes que l'administration répand sur eux : dots, livrets de Caisse d'Epargne, secours d'établissement, maintien à l'hospice pour raisons de santé, ne cultivent en eux que l'hypocrisie, car ils savent fort bien, par expérience, que l'administration, en face d'un si grand nombre de pupilles, n'a ni l'idée ni le temps de s'enquérir sérieusement des mérites de chaque enfant et que les faveurs sont distribuées à ceux qui *paraissent* les plus doux et les plus soumis.

Tant il est vrai qu'aucune administration, si riche, si bien intentionnée qu'elle soit, ne pourra se substituer à l'agrégat familial.

Mme Madeleine Vernet a vu, en Normandie, des enfants assistés — des Bureautins, comme on les appelle — maigres, sales, déguenillés, serviteurs et souffre-douleurs de toute la maisonnée, presque fatalement poussés à la déchéance par la réprobation et le mépris qu'ils sentent peser sur eux (1).

Les visites, trop espacées, des médecins et des inspecteurs, ne sont trop souvent, nous dit-elle, qu'une simple formalité.

M. Monod, lui-même, directeur de l'Assistance publique, a dû reconnaître, dans son livre sur les *Enfants assistés de France*, que quelques entraves nuisaient au bon fonctionnement de son administration.

(1) Voir la Revue *Pages Libres*, n° 190, du 2 avril 1903.

D'abord l'insuffisance des prix de pension. Tel budget départemental alloue aux nourriciers 10 francs par an pour nourrir les pupilles et 5 francs par mois à partir de 7 ans pour les nourrir. L'inspecteur qui signale ce fait ajoute : on se figure difficilement la rapacité d'un paysan auquel on donne 16 centimes par jour pour nourrir et blanchir un enfant de 7 ans. Quel profit peut-il donc en tirer ? Quels services peut-il attendre d'un enfant de cet âge ?

M. Monod constate aussi, surtout chez les prêtres et les religieuses et chez certains magistrats, la persistance des préjugés contre les bureautins, considérés comme des enfants venus du vice et destinés à retourner au vice.

Enfin il signale le mauvais effet des interventions politiques dans le service des enfants assistés, où, trop souvent, les « gardiennages » sont le prix de services électoraux et les retraits des vengeances politiques.

Réformes proposées. — Comme remède à ces imperfections, M. Monod propose de renforcer les pouvoirs des inspecteurs et d'obliger, par une loi, les départements à voter des allocations satisfaisantes.

Mme Madeleine Vernet souhaite une transformation radicale du système actuel. Elle voudrait qu'au lieu d'être confiés à des nourriciers ignorants, qui ne connaissent rien des lois de l'hygiène et de la morale, les enfants assistés soient élevés dans de petits internats, par des éducatrices éclairées et maternelles, qui ne les écraseraient pas sous la discipline monastique des grands orphelinats, mais s'efforceraient de leur procurer une vie familiale et de faire d'eux de bonnes ménagères, des travailleurs instruits, ayant ce respect d'eux-mêmes et cet amour de la justice que ne peuvent connaître des enfants tenus dans une perpétuelle contrainte et humiliés du sentiment de leur infériorité.

Ce système n'a rien d'impraticable. Il est réalisé en Suisse, dans le canton de Neufchâtel, à l'orphelinat Borel, qui n'est ni une caserne ni un couvent, mais un ensemble de *familles artificielles* où chaque *mère* fait l'éducation d'un certain nombre d'enfants et habite une maison séparée.

M. Payoud, l'auteur du *Petit de l'Hospice*, estime, quant à lui, que rien ne peut remplacer les soins de la mère et l'influence de la famille.

Pour améliorer le sort des enfants abandonnés, il faudrait, à son avis, simplifier les formalités du mariage, autoriser la recherche de la paternité, effacer les différences créées par le Code entre les enfants naturels et les autres, donner des secours efficaces aux filles-mères ; enfin, dans le cas d'un enfant trouvé ou absolument orphelin, confier l'enfant à une famille déjà constituée et, quand des liens réciproques d'affection se seraient formés, déférer la tutelle au gardien.

Il nous semble qu'on pourrait tenir compte de ces vœux divers et les concilier dans une certaine mesure : qu'on cherche d'abord, par les réformes légales, si utiles et si justes, que réclame M. Payoud, à diminuer le nombre des enfants abandonnés, nombre inquiétant qui s'élève aujourd'hui à 200,000, dont 40,000 pour Paris.

Ceux qui resteraient à la charge de l'Assistance publique seraient, suivant l'occurence, confiés à des familles, ou groupés en petites colonies. Les deux systèmes peuvent être employés simultanément, et nous ne voyons pas la nécessité d'un régime uniforme.

Ce qui importe, c'est de placer les enfants assistés avec discernement, c'est de relever l'allocation donnée aux nourriciers, c'est enfin de ne pas traiter en parias ces pauvres petits déshérités, mais de leur assurer une bonne éducation leur permettant de jouer un rôle utile et de se faire une place honorable dans la société.

IV. — Les Enfants anormaux et l'Enfance coupable. Les Enfants malades.

Les Anormaux. — S'il est une catégorie d'enfants qui aient droit, entre tous, à notre sollicitude, n'est-ce pas celle de ces pauvres petits dégénérés qui portent la marque et subissent la peine des vices et des tares de leurs ascendants ?

Tristes fruits de la maladie ou de la misère, de l'alcoolisme ou de la débauche, les anormaux sont beaucoup plus nombreux qu'on ne croit, car il faut ranger parmi eux non seulement les infirmes, les idiots et les épileptiques, mais les simples arriérés et la majorité des enfants vicieux qui, presque toujours, sont des malades, victimes d'hérédités pathologiques, quand ils n'ont pas été corrompus par le milieu.

La science commence même à se rendre compte que la plupart des défectuosités mentales ou morales observées chez les enfants sont dues à des infirmités légères du système nerveux, et que tel irréductible menteur, tel paresseux invétéré, tel incorrigible étourdi, sont, en réalité, des anormaux, ayant besoin d'un traitement approprié beaucoup plus que de gronderies et de punitions.

Une première et urgente réforme s'impose, dans l'intérêt des enfants normaux et des anormaux : leur séparation dès l'école primaire, à la suite d'un sérieux examen médical complété par une enquête sur les antécédents et la famille de chaque enfant. Cette sélection simplifierait la tâche du maître, grandement compliquée par l'éducation des arriérés et des instables. Elle préserverait les enfants sains de contacts parfois dangereux. Elle permettrait enfin de donner aux enfants anormaux les soins spéciaux qu'ils réclament, soit en les envoyant dans des *asiles-internats*, ou dans des *Ecoles d'arriération*, comme il en existe en Amérique, soit en leur faisant suivre des *classes de perfectionnement* annexées à chaque école.

L'Ecole des arriérées de la Salpêtrière et *l'Asile-Ecole de Bicêtre*, création du docteur Bourneville, montrent ce qu'on peut obtenir des enfants les plus tarés à force de soins intelligents, patients et dévoués. On y assiste, d'une classe à l'autre, à la transformation graduelle et merveilleuse de pauvres petits infirmes qui arrivent parfois gâteux, parlant à peine, incapables de se servir de leurs doigts, et qui parviennent, pour la plupart, à lire, à écrire, à calculer, à exécuter les travaux manuels les plus variés, grâce auxquels ils pourront se suffire un jour et, dans tous les cas, échapper aux dangers de l'oisiveté, au sentiment de leur néant.

Il faudrait multiplier les établissements de ce genre. Ce serait une œuvre de prévoyance en même temps qu'une œuvre d'humanité, car, ainsi que le dit Mme Gevin-Cassal, les idiots non éduqués, parqués dans les garderies, coûtent plus cher à l'Etat que des écoles qui les rendraient aptes à gagner leur vie.

Les Aveugles. — On a compris cette vérité pour les aveugles. Depuis longtemps l'on s'efforce de les rendre, autant que possible, à la vie complète, en leur donnant toute l'éducation intellectuelle et professionnelle que leur infirmité comporte.

C'est Valentin Haüy qui, en créant, à la fin du XVIIIe siècle, son admirable *Institution des jeunes aveugles*, a commencé à les relier au monde des vivants. Il imagina des caractères en relief pour leur permettre de lire avec les doigts. En 1829, l'invention par Braille de l'écriture en points saillants leur permit non plus seulement de lire, mais d'écrire eux-mêmes et de recevoir vraiment une culture complète.

Actuellement, en France, l'enseignement aux jeunes aveugles est donné à Paris, Nancy, Lille, Marseille, Soissons, Arras, Poitiers, Saint-Hippolyte-du-Gard, dans des établissements qui sont à la fois des écoles et des asiles. Le caractère hospitalier de ces institutions les fait dépendre du ministère de l'Intérieur. Il serait à souhaiter qu'elles fussent rattachées au ministère de l'Instruction publique, pour que se développât leur rôle éducatif.

Au point de vue intellectuel, l'enseignement des jeunes aveugles est moins avancé en France qu'en certains pays étrangers, en Amérique notamment. Au point de vue professionnel, on leur enseigne spécialement la musique, l'accord des pianos, et quelques métiers manuels (vannerie, brosserie, cannage et empaillage des chaises, tricot, filet).

Les Sourds-Muets. — Moins que les aveugles, les sourds-muets ont bénéficié jusqu'ici des libéralités de l'Etat ou de l'intérêt des philanthropes. Pourtant le nombre des sourds muets, en bien des pays, notamment dans les régions montagneuses, dépasse celui des aveugles.

En France, nous avons une population d'environ 30,000 sourds-muets, dont 4,000 sont à l'âge scolaire.

Jusqu'à présent l'on s'est servi pour l'éducation des sourds-muets de deux méthodes, inventées toutes deux en 1788 :

1° La méthode de l'Abbé de l'Epée, qui consiste en attitudes de la main correspondant aux diverses lettres de l'alphabet. C'est la dactylologie.

2° La méthode imaginée par Heinecke, de Leipsig, qui fait suivre au sourd-muet les mouvements des lèvres de son interlocuteur, et l'amène à parler lui-même en imitant ces mouvements. C'est la méthode orale, bien supérieure à l'autre, puisqu'elle permet au sourd-muet de comprendre le langage des sons et parvient à vaincre sa mutité. Mais elle demande au maître plus de patience, à l'élève plus d'efforts.

Cependant, depuis une vingtaine d'années, on l'emploie de préférence, en raison de ses merveilleux résultats.

Pour instruire les sourds-muets, nous possédons 72 institutions, dont 3 nationales : Paris pour les garçons, Bordeaux pour les filles, Chambéry pour les deux sexes.

Paris seul possède une classe enfantine. Il importe cependant de commencer de très bonne heure l'éducation du sourd-muet, si l'on veut obtenir des résultats excellents.

L'ENFANCE COUPABLE. — Les statistiques de la criminalité infantile, bien qu'elles indiquent une légère décroissance en ces dernières années, donnent encore des chiffres effrayants qui doivent faire réfléchir les éducateurs et les sociologues. Un de nos récents comptes rendus judiciaires nous apprend qu'en dix ans 64,000 mineurs de 16 ans et au-dessous ont été prévenus de crimes et de délits.

Comment enrayer cette criminalité précoce ? En la châtiant avec plus de rigueur ? En multipliant les maisons de correction et les pénitenciers ? L'expérience a montré ce que valent ces moyens de répression. Traités en malfaiteurs, mis en contact avec des êtres dégradés, sous la conduite de gardiens brutaux, les petits criminels ne s'amendent jamais dans ces bagnes d'enfants. Ils achèvent d'y perdre tout sentiment de dignité. Ils en sortent presque toujours irrémédiablement pervertis. Les pénitenciers sont condamnés par tous ceux qui voient dans l'enfant coupable non un délinquant qu'il faut punir, mais un malade, un dégénéré, un dévoyé, qu'il faut soigner, relever, remettre dans le bon chemin.

Partant de cette conception si humaine et si juste, les Américains ont institué, pour juger l'enfance coupable, des tribunaux spéciaux, appelés *Tribunaux d'Enfants*, où les magistrats sont, avant tout, des médecins, moins préoccupés de punir le jeune délinquant que d'étudier son état mental et physique, ses antécédents et les mobiles qui l'ont fait agir. Le plus souvent, cet examen établit l'irresponsabilité du jeune criminel, et la prison, dès lors, est remplacée tantôt par la mise en liberté surveillée, tantôt par la « maison de travail » ou le « refuge de salut », écoles de préservation et de redressement, où, sous une direction ferme et douce, l'enfant se corrige, s'améliore physiquement et moralement, revient à la vie normale et utile.

Chez nous, un courant d'opinion se manifeste en faveur de la méthode préventive ou curative, substituée au vieux système de répression usité jusqu'ici. La science ne permet plus de châtier aveuglément l'enfant coupable; les lois effrayantes de l'hérédité se dressent contre les rigueurs du vieux code romain, et ce n'est pas seulement la pitié, c'est la raison aussi qui nous incline à substituer l'hôpital à la prison, quand il s'agit d'enfants qui n'ont eu d'autre école que celle du vice et de la faim.

La sollicitude plus attentive de l'Etat vis-à-vis de l'enfance dévoyée se révèle dans la loi du 28 juin 1904, relative à l'éducation des pupilles difficiles ou vicieux de l'Assistance publique (1).

Elle se manifeste aussi par une récente circulaire du garde des sceaux, recommandant aux magistrats de tenir le plus grand compte des influences diverses qui ont pesé sur les jeunes délinquants, de s'attacher moins à châtier qu'à redresser, et de seconder dans leurs travaux les *Comités de défense des Enfants traduits en justice*, qui s'emploient avec un zèle si louable à rechercher les solutions pratiques les plus conformes à l'intérêt de l'enfant et à ceux de la société.

Les Enfants malades. — Il serait trop long et sans intérêt d'énumérer les hôpitaux où sont reçus les enfants atteints d'affections aiguës. Nous nous bornerons à indiquer ici ce que l'on a fait jusqu'à ce jour pour arracher l'enfant à la plus terrible, à la plus envahissante des maladies chroniques, à ce fléau social qu'on appelle la *tuberculose*.

Devant le mal physique, ainsi que devant le mal moral, la préservation est plus efficace que la répression.

Un des meilleurs moyens de lutter contre la tuberculose est donc de soigner les enfants qui en sont particulièrement menacés, c'est-à-dire les enfants anémiques, rachitiques, scrofuleux, etc.

Pour ces enfants se sont créés des *sanatoria marins* qui leur offrent le plus puissant des stimulants et des reconstituants : les bains de mer et les brises salées de l'Océan ou de la Méditerranée.

Nous citerons, parmi ces sanatoria, ceux de *Banyuls-sur-Mer* (Pyrénées-Orientales) et de *Saint-Trojan* (Ile d'Oléron), qui reçoivent les enfants scrofuleux pour 1 fr. 70 ou 2 francs par jour ; l'hôpital de *Berck-sur-Mer* (Pas-de-

(1) Cette loi ordonne le placement des enfants indisciplinés dans des écoles professionnelles qui seraient de véritables écoles de préservation et de redressement.

Calais) et le *Sanatorium d'Hendaye* (Basses-Pyrénées), pour les pupilles de l'Assistance publique.

Les établissements de ce genre sont malheureusement presque tous obligés de demander pour leur petits malades un prix de journée assez élevé ; il en résulte que les enfants vraiment indigents ne peuvent y entrer que s'il se trouve un protecteur, une œuvre de bienfaisance, une administration départementale pouvant payer pour eux.

Il est des enfants sains que la tuberculose menace par contagion ; ce sont ceux qui sont nés de parents tuberculeux et vivent dans un milieu contaminé, manquant trop souvent d'air, de propreté, de bonne nourriture...

L'*Œuvre de préservation de l'enfance contre la tuberculose* (1), fondée par le professeur Grancher, s'efforce de soustraire ces enfants au mal qui les guette en les plaçant à la campagne, en d'honnêtes familles, moyennant une rétribution de 1 fr. 20 par jour.

Aux enfants atteints de la tuberculose, l'*Œuvre des Enfants tuberculeux* (2) a ouvert gratuitement un dispensaire, deux hôpitaux et quatre colonies sanitaires.

V. — L'Exploitation de l'Enfance

La Mendicité infantile. — C'est en grande partie parmi les enfants livrés au vagabondage et à la mendicité que se recrutent ces jeunes criminels dont la précoce dépravation nous confond et nous atterre.

Malgré les lois scolaires et les lois contre la mendicité, ils sont nombreux, ils se chiffrent par milliers à Paris et dans toutes les grandes villes, les petits mendiants qui nous poursuivent dans les rues, hâves et déguenillés, tantôt avec effronterie, tantôt avec un air dolent et une voix gémissante. La plupart du temps, importunés ou apitoyés, nous nous débarrassons d'eux par une légère aumône, sans réfléchir que nous aidons peut-être ainsi à l'accomplissement d'un destin de mensonge, de fainéantise et de crime.

(1) Siège social, 3, rue de Lille, Paris.
(2) Siège social, 35, rue de Miromesnil, Paris.

Les enfants qui mendient ne le font généralement pas pour leur propre compte. Ils sont exploités par des parents indignes, qui vont parfois jusqu'à les estropier pour attirer sur eux la pitié des passants !

Naturellement, si l'on découvre ces agissements criminels, on sévit... mais ils sont encore trop nombreux les petits culs-de-jatte, boiteux, manchots, qui implorent la charité dans les villes et les stations balnéaires.

Quelquefois les petits mendiants opèrent pour le compte d'un *loueur* qui paie une redevance aux parents.

Mme Gevin-Cassal nous renseigne sur le taux de ces locations. « Dans les nuits de Noël et du Nouvel-An, le nouveau-né, surtout s'il est d'apparence chétive, se loue de 25 à 30 francs par nuit ; l'enfant de un à cinq ans ne vaut, aux mêmes dates, que 10 francs. Au-dessus de cet âge, il n'est plus coté que cent sous, à moins d'être infirme. Aux jours ordinaires, le même bébé au maillot, qui se maintient de 10 à 15 francs durant la semaine des fêtes hivernales, retombe à 5 francs ; l'enfant au-dessous de cinq ans se replace à 40 sous, pour aller jusqu'à 3 francs aux jours de froidure, et celui au-dessus de cet âge ne fait plus que 20 sous, à moins que, roublard et bien stylé, il ne soit d'un excellent rapport ; en ce dernier cas, les parents préfèrent l'exploiter eux-mêmes, si toutefois ils ne sont occupés ailleurs à quelque louche besogne. »

Comment résisterait-il, le petit mendiant, à l'influence dégradante de son métier, aux tentations malsaines de la rue... Tandis qu'il grelotte, demi-nu, sous la bise ou la pluie, il voit passer d'autres enfants vêtus de bons paletots, de chaudes fourrures. Le ventre creux, il les voit, chez le pâtissier, se bourrer de gâteaux... Faut-il s'étonner si, un jour ou l'autre, cet enfant que nul bon exemple ne retient, que nulle surveillance affectueuse n'entoure, se laisse aller à ses convoitises, vole ou fait pis encore !...

Ce n'est pas en faisant l'aumône aux petits vagabonds, c'est en nous efforçant de les arracher à leur misérable existence, de les amener à fréquenter l'école, à entrer en apprentissage, que nous ferons acte de vraie et bonne solidarité.

Plusieurs œuvres d'assistance, entre autres le *Sauvetage de l'Enfance*, travaillent dans ce sens (1).

Mais à côté des enfants recueillis et sauvés par ces so-

(1) Voir aux *renseignements complémentaires*, à la fin de la brochure, la liste des Sociétés et Œuvres venant au secours de l'enfance malheureuse ou abandonnée.

ciétés bienfaisantes, combien d'autres échappent à toute protection, et continuent à rôder dans les rues, sinistre graine d'apaches et de cambrioleurs...

Le Travail des Enfants dans l'Industrie. — Une des conséquences de la révolution industrielle produite par l'invention des machines a été l'emploi de plus en plus généralisé des enfants dans la grande industrie manufacturière, conséquence déplorable, car l'enfant trop tôt enfermé à l'usine, soumis trop jeune à un travail pénible et monotone, s'étiole, s'épuise, est arrêté dans sa croissance intellectuelle comme dans son développement physique, et, s'il échappe à une mort prématurée, s'achemine fatalement à la dégénérescence.

Les industriels ont pris l'enfant comme ils ont pris la femme, pour réaliser des économies de salaires, et parce qu'ils trouvaient en eux des instruments dociles.

Et les besogneux ont été obligés de livrer leurs enfants à l'usine pour augmenter le maigre gain familial.

Sous l'influence de ces causes, qui subsisteront autant que le régime du salariat et de la concurrence économique, le nombre des enfants industrialisés augmente sans cesse. En 1888, il y en avait 192,000 en Allemagne ; deux ans plus tard, on en comptait 242.000. En France, d'après les chiffres officiels, il y a environ 350,000 enfants employés à la production.

La Protection légale de l'Enfance ouvrière. — L'exploitation du travail des enfants dans les manufactures a donné lieu à de tels abus et a produit des résultats si funestes que tous les pays civilisés, les uns après les autres, ont fini par s'en émouvoir et par édicter des lois de protection réglementant l'emploi de la main d'œuvre infantile.

L'Angleterre a donné l'exemple en 1802. La France l'a imitée en 1841, en fixant à *8 ans* l'âge minimum d'admission dans les usines et en interdisant pour les enfants de 8 à 12 ans le travail de nuit.

Auparavant, on employait dans certaines usines des enfants de six ans, de moins encore ! On pouvait voir à Sainte-Marie-aux-Mines des petits dévideurs de trame de 4 à 5 ans qui tombaient épuisés sur le métier.

La loi si insuffisante de 1841 n'arrêta pas ces abus, comme en témoignent les *Mémoires des Instituteurs*, rédigés en 1861, et qui partout signalent de tout jeunes enfants « allant se perdre corps et âme dans la poussière et le désordre des fabriques, moyennant quelques sous par jour ».

Il faut aller jusqu'à la troisième République pour voir naître enfin réellement une législation protectrice de l'enfance ouvrière. La loi de 1874 réalisa un progrès en reculant à 10 ans l'admission des enfants dans les fabriques. La loi de 1892 a fixé cet âge à treize ans (1) et limité la journée de travail à 10 heures pour les enfants au-dessous de 16 ans.

Les petits travailleurs ont bénéficié aussi, comme les adultes, des lois organisant l'inspection du travail et l'hygiène des ateliers.

Insuffisance des Lois de Protection. — Ces mesures de protection n'ont pas fait disparaître le surmenage de l'enfant, et la journée de 10 heures, qui paraît déjà trop longue aux hommes faits, reste excessive pour des travailleurs de 12 et 13 ans.

Ce n'est pas avant 16 ans que l'enfant devrait pouvoir être employé dans l'industrie. Jusque-là il faut le laisser libre de grandir, de se fortifier et d'achever son éducation. L'utilisation prématurée de ses forces n'est pas seulement nuisible à l'avenir de la race ; elle pèse lourdement sur le monde ouvrier en accroissant le chômage des travailleurs adultes et en avilissant leurs salaires.

Elle est, de plus, la ruine de l'apprentissage. Celui-ci devient inutile dans beaucoup de métiers où l'ouvrier n'est qu'un rouage, serviteur de la machine.

Dans les professions où il est encore nécessaire, les patrons ne trouvent plus d'apprentis qu'en les rétribuant de suite. Ils cherchent naturellement dès lors à tirer tout le parti possible des enfants qu'ils embauchent, leur font faire des courses, des corvées de ménage, ou les spécialisent dans une besogne machinale qui ne leur apprend qu'une partie du métier. Tel apprenti mécanicien, pour un salaire de 2 francs par semaine, sera employé pendant deux ans à percer le même trou, au bout de la même tige ; tel apprenti bijoutier, pendant trois ans, ne fera que façonner des têtes de boutons.

Les lois actuelles sont impuissantes à empêcher cette exploitation de l'enfance qui se fait sous le couvert de l'apprentissage.

Des catégories nombreuses de petits travailleurs échap-

(1) La limite peut être abaissée à 12 ans pour les enfants vigoureux munis du certificat d'études.

pent d'ailleurs totalement à toute surveillance de l'Etat, à toute réglementation protectrice.

Ce sont d'abord les *petits ouvriers des industries familiales*, qui partagent la tâche exténuante et si mal payée de leurs parents, enfermés avec eux dans des logements étroits, sombres et malsains, où s'atrophient leurs muscles, où s'appauvrit leur sang.

Ce sont les *petits marmitons*, — il y en a 5,000 à Paris, — travaillant dans des sous-sols sans air durant de longues journées de 15 et de 16 heures, sans jouir d'un jour de repos par semaine, ou parcourant la ville, de lourdes corbeilles sur leur tête ; dont les courses, aux jours de fête, atteignent parfois la centaine, dont les dortoirs, enfin, où ils couchent deux ou trois par lit, présentent les plus révoltantes conditions d'hygiène et de moralité.

Non moins surmenés et pas mieux protégés les petits ouvriers de la plupart des *industries alimentaires*, les jeunes *employés de commerce*, petits garçons de café, petits garçons coiffeurs, petits commis de magasin : les enfants employés dans les *métiers forains*, les *petits chiffonniers*, les *petits marchands des rues*, enfin les enfants embarqués comme *mousses* sur les navires de pêche de Terre-Neuve, trop souvent jouets et souffre-douleurs de brutes alcooliques, ainsi que l'ont établi récemment de tragiques révélations.

L'Association française pour la protection des Travailleurs vient d'appeler l'attention du gouvernement et du Parlement sur ces lacunes de la législation protectrice et sur la nécessité urgente d'y remédier.

L'exploitation des enfants pauvres, dans les *couvents*, les *ouvroirs* et les *orphelinats religieux* s'est également exercée jusqu'en ces dernières années en toute liberté, et l'on sait à quelle âpre intensité elle était arrivée.

L'évêque Turinaz a dû reconnaître publiquement les abus révoltants qui se commettaient au Bon-Pasteur de Nancy, sous le couvert de la charité chrétienne. La maison de Nancy a été supprimée, mais il reste encore 200 succursales du Bon-Pasteur où cette exploitation continue.

D'autres procès retentissants montrent la nécessité de rendre plus efficace la surveillance exercée par les inspecteurs de l'Etat sur le travail exécuté dans les établissements hospitaliers, et de faire pénétrer des inspectrices dans ceux où l'on emploie des jeunes filles, pour s'assurer des conditions d'hygiène qui leur sont faites.

Il est encore, en France, une intéressante catégorie

d'enfants exploités que nulle loi ne protège : ce sont ces pauvres *petits Italiens* amenés en troupes de leur pays natal par des *padroni* avides et durs qui les nourrissent à peine, les font loger dans des taudis immondes et leur font exercer, dans les villes, une mendicité déguisée sous toutes sortes de métiers nomades (décrotteurs, ramoneurs, vendeurs de statuettes, joueurs d'accordéon). Un grand nombre de ces enfants sont employés dans les *verreries de la Loire* à un métier meurtrier entre tous, auquel ils succombent en foule.

Un Comité franco-italien s'est formé enfin pour arrêter cette exploitation criminelle qui échappait à la fois aux lois de la France et à celles de l'Italie. Espérons qu'il obtiendra des mesures efficaces et qu'il fera disparaître l'odieux commerce des *padroni*, véritable survivance de l'esclavage.

VI. — La protection de l'Ecolier

Les Réformes scolaires. — Le droit de l'enfant à l'instruction a été reconnu et proclamé par la loi sur l'instruction primaire, gratuite et obligatoire. Son droit à un enseignement de vérité et de liberté, respectant et favorisant l'essor de sa raison et la formation de sa conscience, a été affirmé par la complète laïcisation des écoles publiques.

Est-ce à dire qu'il n'y a plus rien à modifier, rien à perfectionner dans l'œuvre scolaire ?

Nombreuses, au contraire, sont les lacunes à combler et les réformes à introduire dans l'organisation de l'enseignement, qu'il s'agisse des écoles, des collèges ou des lycées, des filles ou des garçons, de l'hygiène scolaire ou des méthodes pédagogiques.

La Fréquentation scolaire. — La loi sur l'obligation de l'instruction primaire, d'abord, est loin d'être appliquée partout comme elle devrait l'être, et la proportion d'illettrés constatée parmi les conscrits — 16 p. 1,000 — est encore trop grande en France.

A la campagne, dans les hameaux perdus des régions montagneuses, les grandes distances à parcourir par de mauvais chemins empêchent souvent les enfants de fréquenter assidûment l'école. Souvent aussi, pendant la belle saison, les enfants sont employés aux travaux agricoles. Ils vont aux champs garder les bêtes, aident à la fenaison, aux moissons, aux vendanges. Les parents, trouvant un profit net et immédiat à les utiliser ainsi, ne songent pas assez au tort qu'ils leur font.

Ce serait aux commissions scolaires, aux délégués cantonaux à le leur faire comprendre. Les unes et les autres s'acquittent mollement de cette tâche.

En bien des cas d'ailleurs, ce n'est pas la mauvaise volonté des parents qu'il faut incriminer, c'est la misère qui est la grande coupable. Peut-on exiger que l'enfant aille à l'école, l'hiver surtout, avec des souliers troués et des vêtements en lambeaux? Le meilleur moyen, dans ces cas si fréquents, d'assurer la fréquentation scolaire, ce n'est pas de faire la morale aux pauvres gens ou de les menacer d'une amende, c'est de vêtir et chausser leurs enfants, de leur procurer gratuitement les instruments de travail de l'écolier : encre, plumes, cahiers, etc.

Tel est le but des sociétés de secours aux écoliers indigents qui se sont formées sous le nom de *Sou des écoles*, et qu'il serait bien désirable de voir se multiplier, fonctionner en chaque commune près de chaque école, dont elles sont l'annexe indispensable.

Pour les enfants des travailleurs nomades, l'école doit se faire nomade aussi, s'adapter aux usages et aux besoins de ces populations spéciales.

C'est ce qu'a compris Mlle Bonnefois quand elle a fondé, en 1892, l'*École foraine* pour les enfants des forains. C'est ce qu'a compris également la Société de l'*Enfance batelière*, qui vient de se constituer sous les auspices du syndicat de la batellerie, et se propose de créer, dans les principaux centres de navigation, des écoles spéciales pour les enfants des mariniers. Une femme de bien vient d'ouvrir à Paris une autre école de ce genre pour les *enfants des chiffonniers*, que l'existence nocturne de leurs parents empêche d'aller en classe le matin.

Les Cantines scolaires. — L'institution généralisée des cantines scolaires serait encore un excellent moyen d'assurer la fréquentation des écoles.

On commence à comprendre que l'école ne doit pas seulement aux enfants l'aliment intellectuel et qu'il y a quelque chose d'absurde et de cruel à nourrir leurs cerveaux en laissant leur estomac crier la faim. En certains pays à population disséminée, où, pour ne pas recommencer un long trajet, l'enfant apporte à l'école son repas de midi, on s'est ému de le voir passer la journée avec un morceau de pain accompagné d'une tranche de lard ou d'un œuf dur, et des *cantines scolaires* se sont organisées, offrant à midi aux écoliers, pour la modique somme de dix centimes, une bonne soupe et un plat chaud préparés à l'école.

On apprécie aujourd'hui les services immenses que rendent les cantines scolaires : mais on se rend compte aussi du surcroît de besogne et de responsabilité qu'elles imposent aux instituteurs et institutrices.

Ceux-ci demandent que les repas soient préparés, surveillés par un personnel spécial et servis dans des salles affectées à cet usage. Ce sont là des réclamations trop fondées pour qu'il n'y soit pas fait droit si l'on veut conserver et multiplier les cantines scolaires.

L'Hygiène scolaire. — En beaucoup de villes et même de villages se sont élevées, pour les écoliers, de belles constructions neuves, aux salles bien éclairées et aérées, environnées de préaux sablés et plantés d'arbres.

Mais il reste encore trop d'écoles mal installées, en de vieux locaux sombres et malsains, et cela non seulement dans certaines communes pauvres, mais aussi dans les grandes villes à population croissante, où la place fait défaut. Il y a des écoles à Lyon où les enfants n'ont pas même une cour pour les récréations et où l'on est obligé de tenir le gaz allumé tout le jour.

Avant d'élever des statues aux grands hommes, les municipalités devraient songer à remplacer ces écoles insalubres, foyers d'anémie et de tuberculose.

On a reconnu aussi la nécessité d'introduire l'*inspection médicale* dans les écoles comme dans les lycées pour surveiller l'hygiène et l'état sanitaire des élèves, pour écarter ceux qui seraient reconnus atteints d'affections contagieuses et pour mettre les enfants menacés dans des conditions meilleures. Les résultats des observations faites par les médecins inspecteurs seraient consignés sur des *carnets individuels* et sur des *fiches sanitaires* (1) d'un

(1) Le docteur Roux, de Nice, est l'auteur d'un excellent type de fiche sanitaire qui a été introduit, cette année, dans les écoles municipales de Nice. Voir N° 106 *Revue Philanthropique* : « Le dossier sanitaire des Ecoliers ». (I.-R. Sée.)

modèle uniforme, indiquant l'état physiologique de chaque enfant.

Cette utile innovation serait assurément un moyen efficace de prophylaxie anti-tuberculeuse. Considérable, en effet, est la proportion, surtout dans les villes, des écoliers atteints de lésions tuberculeuses, les unes susceptibles de semer le germe fatal, les autres pouvant, faute de soins, devenir dangereuses. Cette proportion serait, à Paris, de 11 à 15 p. 100 pour les garçons, de 17 à 20 p. 100 pour les filles. On voit donc combien importent au salut de la race la surveillance médicale des écoles et les progrès de l'hygiène scolaire.

Les Colonies de Vacances. — Parmi ceux que n'absorbent pas d'égoïstes préoccupations, qui peut comparer, sans un serrement de cœur, les joyeuses et saines vacances des enfants riches, aux tristes étés que passe l'enfant pauvre des villes, dans une atmosphère lourde et viciée, sans autre distraction que les jeux de la rue ?

Pour ces petits êtres pâlots et débiles, enfants d'ouvriers, d'employés, de concierges, de petits commerçants, quelques semaines de séjour à la campagne peuvent être un bienfait énorme, renouveler pour toute l'année leurs forces vitales, les sauver peut-être de la maladie qui guette leur frêle organisme.

Les *colonies de vacances* se sont constituées dans le but de procurer à ces enfants déshérités des villes les bienfaits d'une cure d'air à la campagne, pendant la saison chaude. Cette bienfaisante institution se développe rapidement.

En 1905, il existait en France 185 organisations envoyant aux champs, à la montagne ou à la mer 25,606 enfants. Elles se sont surtout multipliées au profit des petits Parisiens. Elles sont nombreuses aussi dans la région lyonnaise, où l'élan a été donné par le pasteur Louis Comte de Saint-Etienne et son œuvre admirable des *Enfants à la Montagne*. Les enfants sont placés tantôt dans des familles de paysans, tantôt dans des établissements spéciaux.

Le congrès qui vient de réunir leurs organisateurs à Bordeaux donnera sans doute une impulsion nouvelle aux œuvres françaises, qui sont loin encore de pouvoir rivaliser avec celles de l'Angleterre, de l'Amérique et surtout du Danemark, où la ville de Copenhague a envoyé en 1903 dans les colonies de vacances le tiers de sa population scolaire.

Les Méthodes pédagogiques. — Améliorer les méthodes pédagogiques, c'est encore un moyen de protéger l'enfance, en assurant son développement intégral. Il faut donc ranger parmi les sociétés protectrices de l'enfance la *Ligue de l'Enseignement* qui travaille à fortifier, à perfectionner l'Ecole laïque et les œuvres complémentaires de l'école, et la *Société libre pour l'étude psychologique de l'enfant* (1) qui s'achemine scientifiquement à la conception d'une éducation vraiment rationnelle.

A tous les degrés de l'enseignement, il y a des réformes à opérer.

Pour les tout petits, il faudrait des *écoles maternelles* moins écoles et plus maternelles, se rapprochant davantage des *Kindergarten* (jardins d'enfants) où, chez nos voisins allemands, le petit enfant s'élève en plein air, parmi les pelouses et les fleurs, apprenant par des jeux seulement, des chants, des mouvements rythmés, à se servir de ses yeux et de ses doigts, de ses muscles et de son cerveau, s'accoutumant par des exercices pratiques aux soins élémentaires d'hygiène et de propreté.

A l'école primaire, on réclame l'allègement des programmes ; on voudrait un enseignement moins livresque et plus éducatif, chargeant moins la mémoire de connaissances inutiles, destinées à s'effacer pour la plupart, et développant davantage les autres facultés. On sent aussi la nécessité de mieux adapter l'école au milieu, aux besoins, à l'existence des travailleurs, afin qu'elle soit vraiment pour l'enfant une préparation à la vie et non pas seulement une préparation au certificat d'études.

On se rend compte enfin que l'école laïque n'a pas seulement pour but d'instruire les jeunes enfants, qu'elle doit travailler aussi à leur éducation morale, et cette partie de son œuvre, un peu négligée jusqu'ici, réservée plutôt à la famille, apparaît maintenant comme sa tâche essentielle.

La *simplification de l'orthographe*, demandée par tant de bons esprits, aurait une heureuse répercussion sur l'enseignement primaire et favoriserait beaucoup de progrès en rendant disponible pour des exercices vraiment éducatifs le temps considérable que l'enfant passe à s'assimiler toutes les complications et les chinoiseries de l'orthographe française.

Mais à l'école primaire, il faut un lendemain. L'écolier de 12 ou 13 ans, muni de son certificat d'études, ne doit

(1) Siège social : 16, rue de Miromesnil.

pas cesser d'apprendre. Il a besoin de compléter son instruction générale et de commencer son éducation professionnelle. Il faut organiser l'enseignement post-scolaire, l'enseignement des adultes, les cours techniques, et il faut aussi que les enfants du peuple puissent en profiter, que l'usine ou les ateliers ne les accaparent pas tout entiers au sortir de l'école. Le problème scolaire se lie ici aux questions ouvrières, au problème social, et la réduction de la journée de travail pour les enfants employés dans l'industrie apparaît comme le complément nécessaire de l'enseignement des adultes.

L'Enseignement secondaire. — Nombreuses également seraient les réformes à introduire dans l'enseignement secondaire pour le progrès des études, de la moralité, de la santé de nos enfants. Les collégiens et lycéens, bien qu'appartenant à des classes privilégiées, sont victimes, eux aussi, et peut-être plus que les petits primaires, de méthodes arriérées, de procédés routiniers et défectueux en matière d'éducation, de traditions déplorables en matière d'hygiène.

On voudrait surtout voir se modifier le vieux système de l'internat, qui emprisonne encore tant d'enfants en de grands bâtiments-casernes, aux murs sombres, aux cours mélancoliques, et les soumet à une discipline raide et uniforme, qui ne tient aucun compte des caractères et des tempéraments, qui souvent annihile de précieuses qualités en laissant fleurir de funestes défauts... Combien préférable serait le système de l'internat familial, groupant un petit nombre d'élèves en de gaies villas entourées de jardins, sous une direction à la fois paternelle et maternelle, car la femme aurait un rôle utile, essentiel à remplir, dans l'éducation des jeunes garçons... Comme il serait désirable aussi de ménager avec plus de sollicitude les forces intellectuelles de l'enfant, de lui éviter le surmenage qui atrophie ses facultés au lieu de les développer, et de remplacer tant de matières inutiles dont on encombre les programmes, dont on fatigue les cerveaux, par plus d'exercice au grand air, de jeux sportifs et de travail manuel.

Il s'est formé une *Ligue des Médecins et des Familles* pour hâter la solution de ces problèmes divers, d'un si haut intérêt pour le bonheur et l'avenir des jeunes générations. Entre autres améliorations immédiates, elle poursuit, dans les écoles comme dans les lycées, la disparition des vieux mobiliers scolaires défectueux, obligeant l'enfant à des attitudes vicieuses, l'établissement de l'inspection médicale et des fiches sanitaires, la substitution de l'*écriture droite* à l'écriture penchée qui a produit tant de myopies et de déviations de la colonne vertébrale.

Tous ceux qui ont à cœur le développement normal de la jeunesse studieuse, tous les pères, toutes les mères devraient s'inscrire à la Ligue des Médecins et des Familles (1), lui apporter leur obole et la seconder de leur bon vouloir.

VII. — Les Droits de l'Enfant

De toutes les mesures qu'il a fallu prendre pour sauvegarder l'enfance, se dégage avec force un principe nouveau, qui n'est pas encore inscrit dans la loi, mais qui l'est déjà dans nos consciences : la notion des *droits de l'enfant.*

L'enfant n'a pas demandé à naître. Le simple fait de l'avoir mis au monde ne confère à ses parents aucune supériorité sur lui, aucun droit naturel. *Il ne leur crée que des obligations.* C'est en les remplissant qu'ils acquièrent des droits *réels* à son amour et à son respect. Donner la vie n'est rien. Il faut faire en sorte que cette vie soit un bien, et elle n'est un bien que pour ceux qui possèdent « une âme saine dans un corps sain ». C'est pourquoi le devoir essentiel des parents est d'assurer à leurs enfants la santé et l'éducation, le plein développement de l'être.

La loi doit les armer du pouvoir nécessaire à l'accomplissement de leur tâche. Mais quand ils se montrent incapables de la remplir, c'est à l'État, c'est à la collectivité de se substituer à eux pour élever l'enfant et garantir ses intérêts.

Les sociétés modernes s'acheminent à cette conception. Mais que de préjugés à vaincre, que de résistances à combattre encore pour arriver à édifier le droit de l'enfant en face de ces prétendus droits du père de famille qui parurent si longtemps intangibles et sacrés !

(1) Ou à l'un de ses Comités régionaux. Le Secrétaire général est M. le Dr Mosny, 64, rue de la Victoire, Paris.

La seule idée de les amoindrir semblait un coupable attentat à la famille, aux mœurs, à tout ce qui avait assuré dans le passé l'autorité morale des parents et le respect des enfants.

Cependant la loi, poussée par l'intérêt social, a dû faire brèche dans cette inviolable puissance paternelle qu'elle-même avait solennellement consacrée par de nombreux articles du Code civil.

Elle y a porté atteinte en rendant l'instruction primaire laïque et obligatoire, en empêchant le père d'envoyer l'enfant à l'usine avant 13 ans, en autorisant enfin, dans des cas nombreux, les tribunaux à prononcer la déchéance paternelle et à retirer aux parents indignes la garde de leurs enfants.

Il reste encore beaucoup à faire aux législateurs pour réprimer les abus de la puissance paternelle, et pour établir, dans leur intégrité, les droits de l'enfant. Il y a surtout à effacer de la loi les injustes distinctions entre enfants légitimes et enfants naturels, qui font subsister, dans notre société égalitaire, toute une classe de déshérités et de parias, marqués en naissant d'un sceau d'infamie.

Il y a, par la recherche de la paternité, à mettre le père dans l'obligation de nourrir son enfant, tout en lui enlevant le pouvoir exorbitant que lui confère encore la loi, de venir l'arracher, s'il y trouve intérêt, à la mère qui le reconnut et l'éleva seule. A celle-ci devrait être pleinement déférée la puissance paternelle. Ce serait faire acte d'élémentaire justice, et ce serait protéger l'enfant, que de le confier à celui de ses auteurs qui s'est montré le plus digne de l'élever.

Les conquêtes de la science, et particulièrement la connaissance plus parfaite des lois de l'hérédité nous font envisager pour les parents d'autres obligations que l'on ne soupçonnait pas autrefois, et que la loi pourra peut-être, un jour, sanctionner.

Si l'enfant a droit à la santé, n'est-ce pas une faute, n'est-ce pas un crime, de procréer au hasard, sans que le couple humain s'inquiète des tares qu'il peut transmettre à sa descendance? N'est-ce pas un devoir pour l'homme et la femme qui se marient, et pour l'Etat qui légalise leur union, de savoir s'ils sont aptes à produire des enfants sains ?

Et si l'enfant a droit à la subsistance, droit à un minimum de bien-être, un autre devoir semble encore en résulter pour les parents : celui de n'avoir que les enfants qu'ils peuvent nourrir, auxquels ils peuvent assurer le strict nécessaire.

Enfanter pour la misère, enfanter pour la maladie, ce n'est pas faire œuvre humaine, c'est faire acte d'imprévoyance et de basse animalité. Une humanité plus sage le comprendra.

A la volonté aveugle du Génie de l'espèce dont on a fait une loi divine : *croître et multiplier*, elle substituera le commandement de la raison : *créer pour le bien, pour la joie et pour la beauté.*

Odette Laguerre et Ida R. Sée.

RENSEIGNEMENTS COMPLÉMENTAIRES

Sociétés venant en aide aux jeunes mères et aux enfants du premier âge

La *Société protectrice de l'Enfance*, fondée en 1865, a pour but d'encourager l'allaitement maternel et de faire surveiller les enfants placés en nourrice. Elle s'occupe aussi des enfants moralement abandonnés ou maltraités par leurs parents.
Siège social : 19, rue de Saint-Pétersbourg, Paris.

La *Société de l'Allaitement maternel*, fondée en 1876 par Mme Béquet de Vienne, cherche à propager l'allaitement maternel à l'aide de secours en nature donnés aux mères pauvres. Elle a créé des *refuges-ouvroirs* où les femmes enceintes sont hospitalisées gratuitement durant les derniers mois de leur grossesse.
Siège social : 11 *bis*, rue de Miromesnil, Paris.

Œuvres et Sociétés diverses, venant au secours de l'enfance malheureuse ou abandonnée

La *Ligue fraternelle des Enfants de France*, fondée en 1895, sous la présidence de Mlle Lucie Félix-Faure, compte aujourd'hui plus de 15,000 membres et a formé plus de 30 comités dans les principales villes de France. Elle s'efforce de faire concourir l'enfance aisée au soulagement de l'enfance malheureuse. Elle secourt les familles pauvres et place les enfants abandonnés ou orphelins à la campagne ou dans des établissements de bienfaisance. Elle a fondé des patronages, des cours d'instruction ménagère, des vestiaires, des soupes, des bibliothèques.
Siège social : 50, rue Saint-André-des-Arts, Paris.

L'Union française pour le sauvetage de l'Enfance, fondée en 1888 par Mmes de Barrau et Kergomard, a pour but de rechercher et de recueillir les enfants qui sont l'objet de mauvais traitements ou se trouvent en danger moral par suite de l'inconduite de leurs parents. Elle se charge de ceux dont les parents sont déchus de la puissance paternelle ou signent volontairement une délégation de leurs droits.
Siège social : 108, rue Richelieu, Paris.

Le *Patronage de l'Enfance et de l'Adolescence*, fondé en 1890, s'efforce de protéger les enfants en danger moral, c'est-à-dire les garçons et les filles âgés de 7 à 18 ans, qui, pour des causes dépendant ou non de la volonté de leurs parents ou de leurs tuteurs, se laissent entraîner ou risquent d'être entraînés au vagabondage, au vol, à la débauche.
L'œuvre place ses pupilles selon leurs aptitudes, mais de préférence à

la campagne, chez d'honnêtes cultivateurs. Depuis 1894, elle a ouvert à Paris une *Maison de Travail* où sont reçus temporairement les jeunes garçons abandonnés de 12 à 18 ans.

Siège social : 13, rue de l'Ancienne Comédie, Paris.

La *Maison maternelle*, rue Manin, à Paris, fondée par Mme Louise Koppe, reçoit temporairement, pour une durée qui peut s'élever jusqu'à trois mois, les garçons de 3 à 6 ans, les filles de 3 à 12 ans, dont les parents sont malades ou sans travail.

L'*Abri de la Fillette*, 38, rue des Cascades, Paris-Ménilmontant, héberge, nourrit, habille des petites filles sans famille ou de familles pauvres, les conduit à l'école, leur apprend à coudre, les promène le dimanche, et les envoie, l'été, à la montagne ou à la mer par l'intermédiaire des Colonies de vacances.

La Joie de vivre, création très originale, due à Mme Bérot, de Saint-Quentin, ne sollicite pas de cotisations. Elle invite les enfants aisés à se choisir, à adopter moralement chacun un petit déshérité auxquels ils viendront en aide. Ils devront s'inquiéter de la santé, des besoins, de l'instruction et des aptitudes de leurs petits protégés. Ils les verront souvent et seront pour eux des camarades.

La Joie de vivre compte actuellement plus de 80,000 adhérents.

Nous ne pouvons donner ici la liste des *Orphelinats* laïques et religieux. Parmi ceux-ci beaucoup sont des maisons d'exploitation, bien plus que des œuvres de protection de l'enfance malheureuse. On l'a vu par les récents procès des Bons-Pasteurs. Au nombre des grands orphelinats laïques les plus intéressants, signalons l'*Orphelinat de l'Enseignement*, qui recueille les enfants des instituteurs, si souvent victimes des fatigues de leur profession ; l'*Orphelinat des Arts*, créé par Mme Marie Laurent, la grande actrice, pour les filles d'artistes, et l'*Orphelinat des Apprentis*, pour les jeunes garçons de la classe ouvrière.

Notre Famille, créée par Mme Bouvard, institutrice, recueille et élève dans une maison hospitalière les enfants de 2 à 18 ans, orphelins ou moralement abandonnés. Ils fréquentent les écoles communales et professionnelles et ils aident, en dehors des classes, aux soins du ménage.

Cette œuvre est dirigée dans un esprit absolument laïque,

C'est également une éducation essentiellement émancipatrice que recevront les enfants, à l'*Avenir Social*, qui vient d'être fondé par Mme Madeleine Vernet (42, rue de la Pelouse, à Neuilly-Plaisance, Seine-et-Oise).

www.ingramcontent.com/pod-product-compliance
Lightning Source LLC
LaVergne TN
LVHW010303230826
846091LV00007BB/2681

* 9 7 8 2 0 1 3 4 5 8 3 4 4 *